30 DÍAS DE CHARLAS SOBRE SEXO

EDAD 3-7 AÑOS

CAPACITANDO A SUS HIJOS CON CONOCIMIENTO SOBRE LA INTIMIDAD SEXUAL

- -

POR
EDUCATE AND EMPOWER KIDS

30 Días de Charlas Sobre Sexo
Capacitando a Sus Hijos con Conocimiento sobre la
Intimidad Sexual
Edad 3-7 Años

Rising Parent Media, LLC
© 2017 por Rising Parent Media
Todos los derechos reservados. Publicado en 2017
Impreso en los Estados Unidos de América

21 20 19 18 17   1 2 3 4

ISBN: 978-0-9987312-0-9 (edición en rústica)

Traducción por Kenia Y. Smith

El papel utilizado en esta publicación cumple con los requisitos mínimos de la norma de la American National Standard for Information Sciences–relativa a la permanencia del papel utilizado en publicaciones destinadas a bibliotecas, ANSI Z39.48-1992.

www.educateempowerkids.org

PARA EXCELENTES RECURSOS E INFORMACIÓN, SÍGANOS:

Facebook: www.facebook.com/educateempowerkidsespanol/
Twitter: @EduEmpowerKids
Pinterest: pinterest.com/educateempower/
Instagram: Eduempowerkids

EDUCATE AND EMPOWER KIDS QUIERE AGRADECER A LAS SIGUIENTES PERSONAS QUE CONTRIBUYERON CON SU TIEMPO, TALENTO Y ENERGÍA A ESTA PUBLICACIÓN:

Dina Alexander, MS
Amanda Scott
Jenny Webb, MA
Caron C. Andrews

Ed Allison
Mary Ann Benson, MSW, LSW
Scott Hounsell
Cliff Park, MBA

DISEÑO E ILUSTRACIÓN POR:
Jera Mehrdad

TRADUCCIÓN POR:
Kenia Y. Smith

30 DÍAS DE CHARLAS SOBRE SEXO
TABLA DE CONTENIDO

INTRODUCCIÓN XI

3-7 AÑOS: 1
1. Cuerpos Asombrosos...3
2. Mi Cuerpo Me Pertenece A Mí 5
3. Anatomía Masculina 7
4. Anatomía Femenina 9
5. Respetando a Otros..11
6. Público...13
7. Privado 15
8. Vestimenta 17
9. Tacto Bueno 19
10. Tacto Malo 21
11. Depredadores...25
12. Cómo Decir No 27
13. Tú Tienes Instintos que Te Mantienen a Salvo...........29
14. Tú Tienes Sentimientos y Emociones que Te Conectan 31
15. Amor Romántico 33
16. Adultos que Se Preocupan Por Ti 35
17. ¿De Dónde Vienen los Bebés?............................37
18. Cambiamos y Nos Desarrollamos 39
19. Otras Palabras que Has Escuchado 41
20. Descubriendo Nuestros Propios Cuerpos................43
21. Afecto 47
22. Juego 49
23. ¿En Qué Se Parecen los Niños y las Niñas? 51
24. Amistades 53
25. ¡Mi Cuerpo Depone y Orina! 55
26. Pornografía 57
27. Fotografías...61
28. Computadoras y el Internet................................63
29. Desnudez 65
30. Soy Hermoso(a) y Fuerte 67

RECURSOS...73
GLOSARIO 76

INTRODUCCIÓN

La intimidad sexual es una de las experiencias más grandes para nosotros como seres humanos. Creemos que es imprescindible que usted sea capaz de expresar claramente este sentimiento a su hijo(a). Cada uno de nosotros en Educate and Empower Kids somos padres o madres y, como todos los padres, nos sentimos con la responsabilidad de proporcionar experiencias que sean positivas, que inviten a la reflexión, y de las cuáles nuestros hijos puedan aprender. En el mundo en que vivimos, esto no es una tarea fácil. Nuestro objetivo no sólo es el ofrecerle una oportunidad para iniciar conversaciones sobre temas cruciales, sino también el ayudarle a crear un ambiente en su hogar que anime el tener discusiones abiertas sobre los muchos otros temas que inevitablemente surgirán a medida que su hijo(a) va creciendo. Hablar con su hijo(a) sobre el sexo y la intimidad es una gran manera de abrirle la puerta a otras discusiones importantes. Después de todo, esto es lo que nos hace humanos—esto es parte de lo que hace la experiencia humana hermosa.

El propósito de este programa es ayudarle a establecer y cultivar una comunicación abierta y honesta con su hijo(a) sobre el sexo, la intimidad, los peligros de la pornografía y la perspectiva personal de uno mismo. Creemos que una vez que usted haya comenzado a tener estas conversaciones, usted será capaz de hablar con su hijo(a) acerca de cualquier cosa.

Nuestra misión es capacitar a las familias a crear una conexión profunda y significativa. Los niños en los EE.UU. gastan un promedio de 7.5 horas al día haciendo uso de los medios de comunicación (Boyse, RN, 2010). Además, de acuerdo con un estudio, el 42% de los niños han sido expuestos a la pornografía en el último año y de ellos, el 67% fueron expuestos a ella por accidente (Wolack, et al., 2007). Con la cantidad de sexo y violencia que se encuentra en casi todos los medios de comunicación, nuestros hijos están expuestos; tenemos que preguntarnos qué estamos haciendo para contrarrestar todo lo que los medios muestran.

Con este programa, hemos hecho que sea más fácil para usted el hablar sobre la belleza del amor, el sexo, nuestros cuerpos y las relaciones. Usted puede hablar sobre el sexo en el contexto en el que pertenece; como parte de una relación saludable que también incluye alegría, risa y toda gama de emociones que define la intimidad humana.

Es imperativo que usted comience a tener conversaciones diarias con un solo tema en mente y que haga cada experiencia, aunque sea breve, verdaderamente significativa.

PARA COMENZAR

Este currículo incluye un libro, un glosario y tarjetas adiciones con temas de conversación. Cada tema es seguido por varios puntos importantes. Estos puntos contienen términos para definir y discutir con su hijo(a), así como preguntas o afirmaciones diseñadas para inspirar conversaciones entre usted y su hijo(a). Hemos incluido definiciones, diálogos de muestra e incluso algunas actividades para que sea sencillo y para ayudarle a comenzar. Si usted siente que su hijo(a) no está listo para discutir los puntos que figuran en los temas o si siente que el conocimiento de su hijo(a) es más avanzado, tenga en cuenta que también hemos desarrollado este programa de estudios para otros grupos de edad y está disponible para su compra. Es importante discutir las cosas con su hijo(a) basándose en su nivel de madurez; progresando o refiriéndose de nuevo a su propio ritmo.

El trabajo duro ya se ha hecho por usted y no necesita ser un experto(a). De hecho, creemos firmemente que el apoyarse en sus experiencias personales, tanto como errores y aciertos, es una gran manera de utilizar las lecciones de vida para enseñarle a su hijo(a). Si llevadas a cabo correctamente, estas conversaciones le acercarán a su hijo(a) más de lo que jamás podrías haber imaginado. Usted conoce y ama a su hijo(a) más que nadie, por lo que usted tiene que decidir cuándo y dónde llevar estas conversaciones a cabo. Con el tiempo, usted podrá observar y disfrutar de los momentos de enseñanza diariamente con su hijo(a).

Durante la investigación para llevar a cabo este plan de estudios, nuestra vicepresidente tuvo una experiencia al ir de compras con sus hijos. Al pasar junto a una tienda de lencería en el centro comercial con sus dos hijos pequeños, ella decidió aprovechar el momento y explicarles a sus hijos lo que es la imagen corporal, la manipulación de fotos y las representaciones no realistas de las personas en la publicidad. Pronto, usted también podrá reconocer y aprovechar de momentos como estos en su propia vida y su hijo(a) estará mejor informado y más preparado a causa de ellos. Porque la verdad es que su hijo(a) se verá expuesto a los medios de comunicación, y estos cada vez se encuentran más y más sexualizados. Es por esto que usted necesita darle a su hijo(a) un escudo para estar listo y protegido a través de conversaciones sobre lo que realmente es la sexualidad saludable.

Este libro puede ser complementado con las tarjetas adicionales que contienen temas de conversación. Estas tarjetas adiciones son descargables (el código para descargar en línea se encuentra en la parte posterior del libro). En las siguientes páginas usted encontrará diferentes temas con sus puntos importantes, seguido por ideas de otras cosas qué discutir, preguntas y puntos a considerar que puede utilizar cuando converse con su hijo(a). A través de este libro también hemos incluido varios escenarios sugeridos que usted podría practicar su hijo(a) para reflexionar y discutir de situaciones específicas que pudieran surgir en su vida.

A medida en que usted discuta estos temas con su hijo(a), piense en compartir sus ideas y estándares personales o familiares; aliente a su hijo(a) a compartir sus pensamientos y sentimientos. Hable sobre los aspectos emocionales y físicos de cada tema y discuta sobre la seguridad emocional y física. Asegúrese de hacer preguntas para ayudar a que su hijo(a) entienda. Estos temas son puntos de partida. Si surgen conversaciones adicionales o diferentes, continúe esas conversaciones con gusto. Este programa está diseñado para ser personalizado por usted y su hijo(a). El tener conversaciones frecuentes con su hijo(a) es clave para la implementación exitosa de este programa. Recuerde, la meta no sólo es el proporcionar información útil para su hijo(a), sino también para normalizar el proceso de hablar entre sí acerca de estos temas.

Le recomendamos fervientemente que lea a través de los temas sugeridos, puntos importantes, e ideas en este libro antes de conversar con su hijo(a). Aquí hay algunos consejos:

- Planifique con anticipación, pero no cree un gran evento. Tener un plan o planificar de antemano eliminará gran parte de la incomodidad que usted podría sentir al hablar de estos temas con su hijo(a). Al no crear un gran evento, usted estará haciendo que las discusiones se sientan más espontáneas, la experiencia sea más repetible y usted sea más accesible para su hijo(a).

- Considere la edad de su hijo(a), su etapa de desarrollo, y su personalidad en relación con cada tema. De igual manera, considere los valores de su propia familia y su situación individual. Finalmente, con estas consideraciones, adapte este material con el fin de tener la mejor conversación con su hijo(a).

Hay recursos adicionales que se encuentran al final de este libro, así como un glosario para ayudarle a definir los términos utilizados.

INSTRUCCIONES

SEA LA FUENTE

Usted dirige las conversaciones. Hable de las cosas que considere más importantes y permita que la conversación fluya desde allí. Usted ama y conoce a su hijo(a) mejor que nadie, por lo que usted es la persona indicada para juzgar lo que será más eficaz para él, teniendo en cuenta los valores personales, las creencias religiosas, las personalidades de cada uno, y la dinámica familiar. Nuestro objetivo es proporcionar una estructura simple y una guía para saber cómo presentar y discutir variedad de temas. Queremos ayudarle a usted, el padre o la madre, a ser la mejor fuente de información sobre el sexo y la intimidad para su hijo(a). Si usted no discute estos temas, su hijo(a) buscará respuestas en otras fuentes menos fiables y a veces peligrosas como el internet, los medios de comunicación u otros niños.

ENFOQUESE EN LA INTIMIDAD

Ayude a su hijo(a) a entender lo increíble y lo unificador que el sexo puede ser. No sólo se enfoque en la mecánica del acto, también dedique una cantidad significativa de tiempo hablando de la belleza del amor y el sexo, de la realidad de las relaciones reales y la forma en que se construyen y mantienen. Los niños están constantemente expuestos a ejemplos de relaciones poco saludables en los medios de comunicación. Muchos de los medios de comunicación están enseñando a su hijo(a) lecciones acerca de la sexualidad y de las interacciones entre las personas que son engañosas, incompletas y poco saludables. La verdadera intimidad emocional rara vez es representada, por lo que es su trabajo dar un buen ejemplo de comportamiento positivo. Usted puede ayudar a su hijo(a) a entender la conexión entre las relaciones saludables y la sexualidad sana cuando usted le da el ejemplo a su hijo(a) de maneras positivas de querer y cuidar de su cuerpo; para protegerlo, tener una actitud positiva hacia él y tomar decisiones favorables para ese cuerpo.

RESPONDA LAS PREGUNTAS DE SU HIJO(A)

Si usted se siente avergonzado por la curiosidad y las preguntas de su hijo(a), usted está implicando que hay algo vergonzoso acerca de estos temas. Sin embargo, si usted responde a las preguntas de su hijo(a) abierta y honestamente, usted estará demostrando que la sexualidad es positiva y que las relaciones sanas son algo que se buscan cuando sea el momento adecuado. Responda a las preguntas de su hijo(a) honesta y abiertamente, y él aprenderá que usted está disponible no sólo para esa conversación, pero para cualquier otro tema o situación. Está bien si usted no tiene todas las respuestas. Dígale a su hijo(a) que usted encontrará esa información para él; porque es mejor que usted busque en lugar de que su hijo(a) lo haga por sí solo. Le invitamos a que lea nuestros recursos al final de este libro y en nuestra página web en www.educateempowerkids.org para obtener más información sobre estos y otros temas.

SEAPOSITIVO

Elimine el miedo y la vergüenza hacia estos temas de conversación. El sexo es natural y maravilloso, y su hijo(a) debe sentir nada más que positivismo hacia esto a través de usted. Si este tema le hace sentir incómodo(a), trate de ocultarlo siendo pragmático(a). Esto es más fácil de lo que se imagina, ¡solo abra su boca y comience a hablar! Esto será cada vez más fácil con cada conversación que usted tenga con su hijo(a). Después de un par de conversaciones, usted y su hijo(a) comenzarán a disfrutar y a desear de ese tiempo que están pasando juntos. El tomarse el tiempo para hablar de estas cosas le confirmará a su hijo(a) lo importante que él es para usted. Si le hace sentir más cómodo(a), utilice experiencias de su propia vida para comenzar una conversación. Hemos incluido algunos temas difíciles en este libro, pero todos ellos son presentados de una manera positiva e informativa. ¡No se preocupe, estamos con usted en cada paso del camino!

LOQUE**USTED**NECESITA**SABER**

- Este plan de estudios no necesariamente aplica para todos. Usted dirija y conduzca la conversación de acuerdo a su situación en particular.

- Ningún currículo puede cubrir todos los aspectos de la intimidad sexual perfectamente para cada circunstancia individual. Usted se puede preparar con el conocimiento que obtenga de este programa y compartir con su hijo(a) lo que sienta es el más importante para él.

- ¡Este programa fue diseñado para ser simple! Está presentado en tarjetas con puntos importantes que son directos y que ayudan a comenzar conversaciones.

FINALMENTE

Este programa tiene como fin el de inspirarle a tener conversaciones que esperamos le ayuden a fomentar un entorno donde las conversaciones difíciles se hagan más fáciles. Nuestro deseo es que su hijo(a) se sienta con la libertad de hablar con usted sobre cualquier cosa. ¡Este programa es una gran herramienta que a sus hijos les encantará! Tome ventaja de que estas conversaciones le ayudarán a sentirse más cómodo(a) hablando y pasando tiempo con su hijo(a).

Se recomienda designar junto con su hijo(a) y dentro de su hogar una "zona segura", lo que significa que durante estas conversaciones, su hijo(a) debe sentirse libre y seguro para hacer cualquier pregunta y hacer comentarios sin ser juzgado o repercutido. Su hijo(a) debe sentirse con la libertad de ir a la "zona segura" una y otra vez para hablar, confiar y consultar con usted acerca de los temas difíciles a los que él se enfrentará a lo largo de su vida.

Es muy recomendable que, siempre que sea posible, ambos padres estén involucrados en estas conversaciones.

Referencias
Boyse, RN, K. (2010, August 1). Television (TV) and Children. Retrieved November 13, 2014, from http://www.med.umich.edu/yourchild/topics/tv.htm

Wolack, et al. (2007, February 2). Unwanted and Wanted Exposure to Online Pornography in a National Sample of Youth Internet Users. Retrieved November 13, 2014, from http://pediatrics.aappublications.org/content/119/2/247.full

¡A COMENZAR!

3-7
AÑOS

Los niños pequeños son naturalmente curiosos acerca de sus cuerpos y del mundo que les rodea. Este plan de estudios ha sido creado para fomentar esta curiosidad a través de los temas incluidos en este libro. Estos temas dan lugar a conversaciones abiertas y honestas que proporcionan formas saludables para desarrollar una buena relación con nuestro propio cuerpo. Al discutir temas relacionados con la anatomía, relaciones, sexualidad, pornografía, etc., usted podrá establecer relaciones con una comunicación abierta, afectuosa y sin prejuicios desde una edad temprana.

1. CUERPOS ASOMBROSOS

- ¿QUÉ PUEDE HACER TU CUERPO?
- ¿POR QUÉ NUESTROS CUERPOS SON TAN ESPECIALES?
- ¿A QUIÉN NO LE PERTENECE TU CUERPO?

INICIE LA CONVERSACIÓN

Es posible que usted desee dirigir esta conversación para ayudar a su hijo(a) a ver todas las cosas que su cuerpo puede hacer. Cuerpos pueden correr, saltar, comer, sentir, abrazar, nadar, reír, llorar, etc. De hincapié en que el cuerpo de su hijo(a) es único, y que solo le pertenece a él. Ayude a su hijo(a) a entender que él experimenta el mundo a través de su cuerpo.

ACTIVIDAD DE MUESTRA

Haga que su hijo(a) toque un libro, un cubito de hielo, y su animal de peluche favorito. Pida que describa lo que siente (duro, blando, caliente, frío, etc.). Después pregunte cómo es que él podría tocar cosas si no tuviera sus manos o piel con qué sentir. Ayúdelo a darse cuenta de que su cuerpo es quien le ayuda a conocer y sentir el mundo que le rodea.

2. MI CUERPO ME PERTENECE A MÍ

- ♛ ¿POR QUÉ TU CUERPO TE PERTENECE?

- 💬 PUEDO COMPARTIR MIS JUGUETES, PERO NO VOY A COMPARTIR MI CUERPO

- ♛ ¿QUÉ SIGNIFICA LA PALABRA LÍMITE?

 **AFECTO FORZADO:** *Presionar o forzar a un niño a dar un abrazo, beso u otra forma de afecto físico cuando él no tiene el deseo o la intención de hacerlo.*

INICIE LA CONVERSACIÓN

Explique a su hijo(a) que debido a que él es único y especial, de igual manera es valioso. Ayúdelo a entender que cuidamos de las cosas que valoramos (por ejemplo, ¿Cómo tratas a un juguete favorito u otro elemento especial en tu casa?). Explique que otras personas podrían no comprender o respetar su valor y que él tiene que valerse por sí mismo. Un tema adicional que pudiera ser cubierto aquí es el de *afecto forzado*: ¿cómo usted reacciona cuando alguien en su familia, como una tía, exige un beso y un abrazo de su hijo(a)?

PREGUNTAS ADICIONALES A CONSIDERAR

¿Qué te da valor?

¿Qué te hace especial?

¿Qué debes hacer si alguien quiere darte un abrazo y no quieres?

3. ANATOMÍA MASCULINA

- **PENE**
- **TESTÍCULOS/ESCROTO**
- **ANO**
- ♛ **¿QUÉ HACE A UN NIÑO DIFERENTE A UNA NIÑA?**

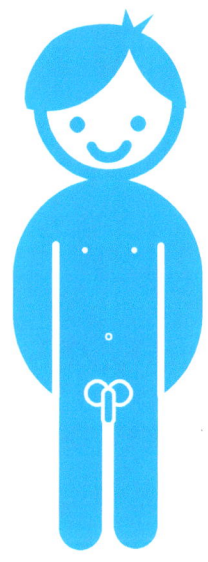

INICIE LA CONVERSACIÓN
Ayude a su hijo(a) a entender que estas son las partes del cuerpo que los niños tienen. Los niños y niñas pueden tener preguntas sobre la forma en que un pene puede cambiar durante una erección. Es completamente normal que los bebés, niños pequeños y niños experimenten erecciones por una variedad de razones. También pueden tener preguntas respecto a "para qué" es un pene (a esta edad, principalmente para orinar). Si su hijo(a) tiene preguntas, responda con claridad y evite asociar vergüenza o timidez con esta función corporal natural. Si es apropiado, ayude a entender que un pene es una parte del cuerpo personal y privada. Si es apropiado, ayúdelo a entender que, en el futuro, la función del pene va más allá de orinar. Diríjase al glosario para leer las definiciones de pene, testículos, escroto y ano.

4. ANATOMÍA FEMENINA

- **VAGINA**
- **URETRA**
- **ANO**
- **PEZONES / SENOS**
- ¿QUÉ HACE UNA NIÑA DIFERENTE A UN NIÑO?

INICIE LA CONVERSACIÓN

Ayude a su hijo(a) a entender que estas son las partes del cuerpo que las niñas tienen. Si su hijo(a) tiene preguntas acerca de estas partes del cuerpo, responda a la pregunta sencillamente, defina la terminología, y no se distraiga con detalles adicionales innecesarios, tales como el proceso de las relaciones sexuales o el nacimiento. Diríjase al glosario para leer las definiciones de vagina, uretra, ano y pezones / senos.

INICIE LA CONVERSACIÓN

Pregunte a su hijo(a) lo que significa que alguien tenga valor. A medida que usted estudie junto con su hijo(a) el concepto de límites, explique que algunas personas disfrutan mucho del contacto físico, mientras que para otras personas puede ser incómodo y abrumador. Explique a su hijo(a) que él puede preguntarle a los demás acerca de sus límites o espacio personal. El objetivo de esta conversación es el de capacitar a su hijo(a) para que él sepa que puede preguntar acerca de los límites de los demás.

PREGUNTAS ADICIONALES A CONSIDERAR

¿Cómo le preguntarías a un adulto acerca de sus límites?

¿Es apropiado preguntar a los adultos sobre sus límites?

¿Cómo le preguntarías a un amigo o amiga sobre sus límites?

¿Cuándo deberías preguntar a tus amigos acerca de sus límites?

DIÁLOGO DE MUESTRA

(Para que su hijo(a) practique)

¿Puedo darte un abrazo?

¿Puedo tomar tu mano para cruzar la calle?

5. RESPETANDO A OTROS

- **TODO EL MUNDO TIENE UN VALOR**

- **TODO EL MUNDO TIENE LÍMITES**

- **ESTOS LÍMITES SON DIFERENTES PARA CADA PERSONA**

- **INCLUSO SI NO TE GUSTAN LÍMITES DE ALGUIEN, AÚN LOS TIENES QUE RESPETAR**

6. PÚBLICO

- ¿QUÉ SIGNIFICA LA PALABRA "PÚBLICO"?

- ¿CUÁLES SON ALGUNAS COSAS QUE HACEMOS EN PÚBLICO?

- ¿CUÁLES SON ALGUNAS COSAS QUE NO HACEMOS EN PÚBLICO?

INICIE LA CONVERSACIÓN

Es importante que su hijo(a) entienda la diferencia entre público y privado. Estos pueden ser conceptos difíciles para los niños pequeños, ya que se basan en una comprensión social abstracto. Para ayudar a su hijo(a) a comprender el concepto, vincule lo que es "público" con lugares concretos y comportamientos específicos. Como ejemplo, hemos proporcionado un diálogo para ilustrar cómo se puede hacer esto.

DIÁLOGO DE MUESTRA

Padre: "Público" significa algo que todo el mundo puede hacer, un lugar donde todo el mundo puede estar, o algo que todo el mundo puede ver.

Estamos en público cuando vamos a la biblioteca, el parque, o a la escuela. Cuando estamos en público, podemos hablar, reír, jugar, leer, comer, caminar, etc.

No retiramos nuestra ropa en público. No orinamos en público. No tocamos nuestros cuerpos donde nuestra ropa interior cubre en público.

Nota: Padres, por favor asegúrense de que su hijo(a) esté física y mentalmente capaz de comprender estas reglas antes de su aplicación.

INICIE LA CONVERSACIÓN

Es importante que su hijo(a) entienda la diferencia entre público y privado. Estos pueden ser conceptos difíciles para los niños pequeños, ya que se basan en una comprensión social abstracto. Para ayudar a su hijo(a) a comprender el concepto, vincule los que es "privado" con lugares concretos y comportamientos específicos. Como ejemplo, hemos proporcionado un diálogo para ilustrar cómo se puede hacer esto.

DIÁLOGO DE MUESTRA

Padre: "Privado" significa algo que es sólo para ti, o solo para ti y tu familia. Podemos tomar baños en privado. Vamos al baño en privado. Podemos estar desnudos en privado. Nuestras habitaciones pueden ser privadas. Los cuartos de baño pueden ser privados.

Nota del desarrollo:
Con el fin de desarrollar una actitud saludable hacia la privacidad y la autosuficiencia, es importante ayudar a los niños a entender que tienen que ir al baño por sí mismos tan pronto como sean físicamente capaces de hacerlo. Esto no significa que los padres deben precipitar a sus hijos a usar el baño por sí solos, sino que después de que sepan usar el baño (y cuando estén listos para hacerlo) ellos deben ser alentados a usar el baño sin sus amigos u otras personas presentes. Una excepción debe hacerse para aquellos que necesitan asistencia física para usar el baño.

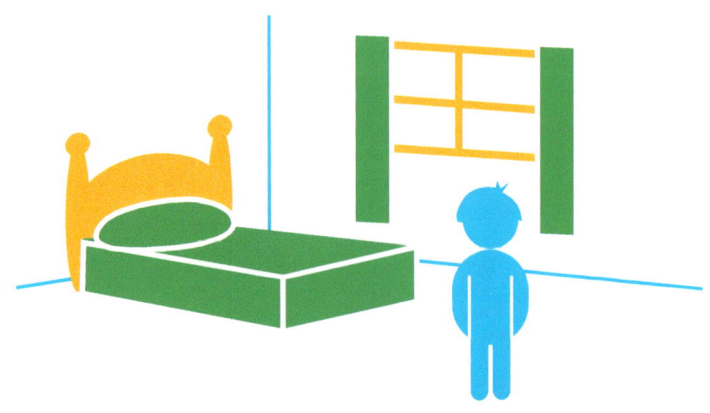

7. PRIVADO

- ♛ ¿QUÉ SIGNIFICA LA PALABRA "PRIVADO"?

- ♛ ¿CUÁLES SON ALGUNAS COSAS QUE HACEMOS EN PRIVADO?

- ♛ ¿DÓNDE ESTÁN LOS LUGARES PRIVADOS QUE VAMOS?

8.
VESTIMENTA

- ♛ ¿QUÉ ES LO QUE VESTIMOS EN A LA PLAYA?

- ♛ ¿QUÉ ES LO QUE VESTIMOS EN INVIERNO?

- 💬 UNA FORMA EN QUE RESPETAMOS Y PROTEGEMOS NUESTROS CUERPOS ES EL USO DE ROPA APROPIADA

INICIE LA CONVERSACIÓN
Ayude a su hijo(a) a entender el término "apropiado" en términos de un elemento que cabe o trabaja con un contexto específico. Por ejemplo, usamos traje de baño en la playa, así que podemos mojarnos. No sería apropiado usar un traje de baño en el medio de una tormenta de nieve durante el invierno, porque podríamos tener frio y posiblemente nos enfermaríamos.

PREGUNTAS ADICIONALES A CONSIDERAR
¿Cómo la ropa nos protege?

¿Qué visten los bomberos?

¿Qué visten las bailarinas?

¿Qué visten los astronautas?

¿De qué manera la ropa ayuda a las personas a hacer su trabajo?

¿Qué ropa sentimos es apropiado para que las personas en nuestra familia vistan?

INICIE LA CONVERSACIÓN

Explique a su hijo(a) las muchas maneras positivas que podemos demostrar afecto: abrazos, besos, frotar la espalda, tomarse de las manos, etc. Enseñe las formas apropiadas en que su familia muestra afecto físico. Tome un tiempo para aprender cómo su hijo(a) siente afecto: ¿a través de caricias? ¿Palabras? ¿Tiempo de calidad? ¿Servicio?

PREGUNTAS ADICIONALES A CONSIDERAR

¿Cuáles son algunas formas en que nuestra familia muestra afecto?

¿Te gustan los abrazos?

¿Te gusta escuchar "Te amo"?

¿Te gusta pasar tiempo juntos?

¿Te gusta sentarte en el regazo de alguien?

¿Te gusta hablar?

¿Te gusta jugar juntos?

De todas las maneras en que nuestra familia muestra afecto, ¿cuáles son sus favoritos?

9. TACTO BUENO

- UNA MANERA DE MOSTRAR A LA GENTE QUE NOS PREOCUPAMOS POR ELLOS ES A TRAVÉS DEL TACTO

- ¿QUÉ TIPO DE CONTACTO TE GUSTA MÁS? ¿ABRAZOS? ¿BESOS? ¿CHOCAR ESOS CINCO? ¿CHOCAR NUDILLOS?

- ¿PUEDES PENSAR EN FORMAS EN QUE OTRAS PERSONAS O INCLUSO ANIMALES EXPRESAN AFECTO EL UNO AL OTRO?

10. TACTO MALO

- NO PERMITIMOS QUE LAS PERSONAS NOS TOQUEN DONDE NOS CUBRE LA ROPA INTERIOR

- LOS PADRES NOS AYUDAN A LAVAR NUESTROS CUERPOS

- LOS MÉDICOS PUEDEN EXAMINARNOS SOLO QUE CUANDO UN PADRE ESTÁ PRESENTE

♛ ¿QUÉ DEBES HACER SI ALGUIEN TE TOCA DE UNA MANERA QUE TE HACE SENTIR INCÓMODO?

INICIE LA CONVERSACIÓN

Los niños pueden pensar que van a ser castigados si le cuentan a un adulto acerca de una "mala" experiencia que les sucedió simplemente porque ellos estaban allí durante la experiencia. Ayude a su hijo(a) a entender que no está en problemas si alguien lo toca donde su ropa interior cubre o de una manera que le hace sentir incómodo o confuso. Reitere que usted le creerá a su hijo(a) si él viene a usted con esta información.

Puede ser útil el practicar formas en que un niño podría acercarse a un padre o un adulto de confianza con información acerca de "mal contacto físico."

PREGUNTAS ADICIONALES A CONSIDERAR

¿Está bien que un _____ [maestro, entrenador, niñera, etc.] acaricie tu pelo?

¿Qué tipo de abrazo es aceptable?

¿Puede alguien tocarte inapropiadamente cuando tienes ropa puesta?

DIÁLOGO DE MUESTRA

Padre: ¿Qué debes hacer si alguien te toca de una manera que te hace sentir incómodo?
Hijo(a): No sé.
Padre: Si alguien te toca donde tu ropa interior cubre o de una manera que te hace sentir incómodo o confundido, dile a alguno de nosotros, tus padres, o a un adulto de confianza.
Hijo(a): Mamá, alguien me ayudó a ir al baño y me hizo sentir incómodo.
Madre: Dime lo que pasó. Aquí estás a salvo y eres amado.
Hijo(a): Papá, alguien me ayudó a meter mi camisa al pantalón y no me gusta.
Padre: Gracias por decírmelo. Vamos a hablar de lo que pasó para que pueda entenderlo mejor y ayudarte.

11. DEPRE-DADORES

- **LA MAYORÍA DE LAS PERSONAS SON BUENAS**

- **ESTAS SON MALAS PERSONAS:**

  _____

  _____

- **ESTAS SON LAS PERSONAS EN QUE CONFIAMOS:**

  _____

  _____

INICIE LA CONVERSACIÓN

Es importante que cada familia discuta quién es una persona de confianza. Si hay incidentes o problemas conocidos relacionados con los adultos con los que su hijo(a) tiene contacto (incluyendo miembros de la familia), cree un plan adecuado con su hijo(a) para lidiar con la situación. Esto puede incluir cosas como no estar a solas con esa persona, no ir a lugares (sobre todo solo) con esa persona, permanecer en la sala de estar o en el patio y no entrar en una habitación con esa persona, etc. Evite las definiciones extensivas (como "Confiamos en nuestros maestros"), ya que, por desgracia, no siempre son ciertas. También explique que el hecho de que su hijo(a) "conoce" a alguien no quiere decir automáticamente que esa persona es un adulto de confianza. Sea especificó y concreto en su planificación con el fin de tranquilizar y capacitar a su hijo(a).

Si su hijo(a) se encuentra en el extremo mayor de este rango de edad (6-7 años), él ya puede entender que alguien podría tratar de engañarlo o mentirle. Ayúdelo a reconocer por qué éste puede ser un comportamiento peligroso y hable de maneras en que él puede evitar ser engañado. Considere emplear una "palabra de seguridad" (una palabra secreta que escojan como familia) que usted pueda dar a otros adultos para que su hijo(a) sepa que está bien confiar en ese adulto (por ejemplo, si usted es incapaz y otro adulto necesita recoger a su hijo(a) de la escuela en el caso de una emergencia).

PREGUNTAS ADICIONALES A CONSIDERAR

¿Cuáles son algunos adultos en que confiamos?

¿Alguna vez haz sentido una sensación "desagradable" en torno a _____?

¿Qué puedes hacer si un adulto te hace sentir incómodo?

¿Quién es alguien en la escuela / iglesia / fútbol / etc. con quien puedes hablar si alguno de tus padres no está presente?

INICIE LA CONVERSACIÓN

Hable de escenarios en los que su hijo(a) debe decir "no", tales como un adulto ayudando a un niño de tres años de edad a usar el baño puede ser apropiado, pero en la mayoría de las circunstancias, ayudar a un niño de siete años de edad, no lo es. Practique estos escenarios con su hijo(a).

Aprender a decir "¡No!" a un adulto puede parecer como una habilidad que usted no quisiera enseñarle a su hijo(a). Sin embargo, tenga en cuenta lo siguiente: ¿Cómo padre, usted preferiría tener que tratar con un hijo(a) que a veces le dice que no cuando usted le pide que limpie su habitación, o con un hijo(a) que es demasiado incómodo o miedoso de decir no a otro adulto?

Ayude a su hijo(a) a entender cuando es aceptable decir que no a un adulto, dándole ejemplos específicos.

Es aceptable decir que no:
Cuando alguien pide ver tus partes íntimas.

No es aceptable decir no:
Cuando tu padre te pide que recojas tus juguetes.

12. CÓMO DECIR "NO"

- 💬 **PUEDES DECIR NO A CUALQUIERA**

- 👑 **¿CUÁNDO ES ACEPTABLE DECIR "NO"?**

- 💬 **PRACTICA DICIENDO Y GRITANDO, "¡NO!"**

13.
TÚ TIENES INSTINTOS QUE TE MANTIENEN A SALVO

- ♛ ¿QUÉ SON LOS INSTINTOS?

- ♛ ¿CÓMO SE SIENTEN LOS INSTINTOS?

- ♛ ¿QUÉ SIGNIFICA TENER UNA SENSACIÓN DE "INCOMODIDAD"?

- ♛ ¿ALGUNA VEZ HAS TENIDO ESA SENSACIÓN DE "INCOMODIDAD" O DE "MIEDO"?

INICIE LA CONVERSACIÓN

A medida que usted practique, tenga en cuenta la necesidad de reconocer los niveles individuales de madurez y desarrollo de su hijo(a). Con el fin de explicar el término "instinto" a su hijo(a), considere usar la siguiente definición simplificada: algo que sabes sin tener que aprender o pensar en ello.

Para ayudar a su hijo(a) a entender el papel que juegan los instintos, considere preguntarle cómo se siente cuando:

- Ve un animal o insecto al que le tiene miedo
- Ve su comida favorita

Explique que algunos instintos nos mantienen a salvo al advertirnos que algo podría ser peligroso. Capacite a su hijo(a) ayudándolo a reconocer respuestas instintivas útiles.

PRECAUCIÓN

Tenga cuidado de no presentar o reforzar temores. El objetivo de esta conversación no es crear miedo, sino más bien para ayudar a su hijo(a) a reconocer las reacciones negativas que él pueda tener a un posible abuso u otra práctica abusiva.

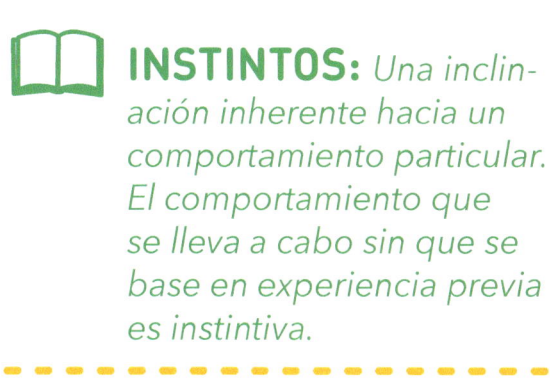

INSTINTOS: *Una inclinación inherente hacia un comportamiento particular. El comportamiento que se lleva a cabo sin que se base en experiencia previa es instintiva.*

INICIE LA CONVERSACIÓN

Explique a su hijo(a) que hay diferentes tipos de sentimientos entre amigos y familiares. Hable de cómo se siente estar conectado a otras personas. El punto de este tema es centrarse en las cosas buenas y positivas que resultan de las relaciones familiares. Las interacciones saludables que muestran amor e interés hay que destacarlas aquí.

PREGUNTAS ADICIONALES A CONSIDERAR

¿Cuáles son las cosas que hacen a nuestra familia especial?

¿Por qué nos gusta estar juntos?

¿Por qué nos gusta reunirnos con la familia para fiestas, reuniones, eventos religiosos, etc.?

14.
TÚ TIENES SENTIMIENTOS Y EMOCIONES QUE TE CONECTAN

♛ ¿CÓMO SABES QUE TU FAMILIA TE AMA?

♛ PIENSA EN TUS AMIGOS: ¿CÓMO SABES QUE ELLOS TE APRECIAN?

💬 CUÉNTAME ACERCA DE ESOS SENTIMIENTOS DE FELICIDAD

15. AMOR ROMÁNTICO

- ♛ ¿QUÉ ES EL AMOR ROMÁNTICO?

- ♛ ¿CÓMO SE DIFERENCIA DE OTROS TIPOS DE AMOR?

- ♛ ¿DE QUÉ MANERA LAS PERSONAS MUESTRAN AMOR ROMÁNTICO?

INICIE LA CONVERSACIÓN

Aproveche esta oportunidad para discutir y definir el amor romántico como algo apropiado en su familia. Es posible explicar el hecho de que el amor romántico es algo que su hijo(a) sentirá cuando sea mayor. Describa cómo usted se sintió cuando se enamoró por primera vez.

PREGUNTAS ADICIONALES A CONSIDERAR

¿Qué significa caer en el amor?

¿Por qué es tan importante el amor?

INICIE LA CONVERSACIÓN

Hable sobre cómo los niños tienen a muchos adultos en sus vidas que cuidan y se preocupan por ellos de diferentes maneras. Explique que los niños necesitan de los adultos para ayudarlos a aprender y hacer cosas que ellos todavía no pueden hacer por sí mismos. También necesitan de adultos que se preocupen por ellos mismos, y no sólo por los demás.

PREGUNTAS ADICIONALES A CONSIDERAR

¿Cómo tu padre o madre cuida de ti?

¿Cómo tu maestro cuida de ti?

¿Cómo tu abuelo cuida de ti?

¿Cómo tu _____ cuida de ti? (Alguien diferente a los mencionados anteriormente que tu hijo(a) tenga en su vida).

16. ADULTOS QUE SE PREOCUPAN POR TI

- **HAY MUCHOS ADULTOS QUE SE PREOCUPAN POR TI**

- **ELLOS SE PREOCUPAN POR TI DE DIFERENTES MANERAS**

- ♛ **¿CÓMO TUS PADRES SE PREOCUPAN POR TI?**

17.
¿DE DÓNDE VIENEN LOS BEBÉS?

- **UN BEBÉ CRECE DENTRO DEL ÚTERO DE UNA MUJER**

- **(SI ESTÁ LISTO) DESCRIBE CÓMO EL ESPERMATOZOIDE Y EL ÓVULO SE CONECTAN**

- **(SI ESTÁ LISTO) DESCRIBE EL NACIMIENTO**

- **(SI ESTÁ LISTO) DEFINE LA PALABRA "SEXO"**

INICIE LA CONVERSACIÓN

Utilice su mejor juicio en cuanto a qué nivel de información su hijo(a) necesita y / o si está listo para recibir. Usted conoce a su hijo(a), por lo que sabe la información que él está dispuesto a escuchar. Utilice terminología correcta, pero si desea que su hijo(a) utilice otras palabras, ahora sería un buen momento para presentar términos que usted prefiere como padre/madre. Deje que su propio entendimiento y amor por su hijo(a) determine lo detallado y la profundidad de esta conversación.

Muchos niños saben que las mujeres dan a luz a los bebés. Si su hijo(a) tiene preguntas respecto a la concepción, la gestación y / o el nacimiento, responda con claridad y con calma, utilizando la terminología correcta según sea el caso. Asegúrese de entender lo que su hijo(a) realmente está preguntando para evitar dar respuestas que lo podrían agobiar como detalles y vocabulario innecesarios.

PREGUNTAS ADICIONALES A CONSIDERAR

¿De dónde vienes?

¿De dónde crees que vienen los bebés?

DIÁLOGO DE MUESTRA

Hijo(a): ¿En dónde las mamás crecen sus bebés?

Padre: Las mamás tienen un lugar especial en sus estómagos. Se llama "útero." Los bebés crecen dentro del útero hasta que están listos para nacer.

Observe cómo el padre responde a la pregunta, sencillamente, definiendo la terminología, y sin distracciones de detalles adicionales innecesarios, como el coito o el nacimiento.

INICIE LA CONVERSACIÓN

Esta discusión es una gran oportunidad para escuchar lo que piensa su hijo(a) acerca de quién él podría ser cuando crezca. Los niños a menudo se imaginan una amplia variedad de carreras o puestos de trabajo para sus futuros, pero no siempre se toman el tiempo para conceptualizar las formas en que sus cuerpos cambiarán a medida que maduran.

ACTIVIDAD DE MUESTRA

Ayude a su hijo(a) a visualizar los cambios que su cuerpo presentará a medida que madura a través de una sencilla actividad para colorear.

En una hoja de papel, dibuje tres líneas básicas en forma de personas. Haga el primer dibujo de altura baja, el segundo de altura mediana, y el tercero de altura alta. Después, pida a su hijo(a) que ayude a dibujar o colorearse (dependiendo de su capacidad) a sí mismos como un bebé, un niño, y un adulto.

A medida que estén trabajando juntos, haga preguntas acerca del trabajado y las decisiones que toma su hijo(a). Por ejemplo, "Veo que has dibujado una falda en tu adulto, ¿vas a usar faldas cuando seas un adulto? ¿Por qué crees que vas a hacer eso?"

PREGUNTAS ADICIONALES A CONSIDERAR

¿Qué tan alto crees que vas a ser cuando seas un adulto?

¿Cómo tendrás tu cabello cuando seas mayor?

¿Cómo piensas que tu cuerpo se verá cuando seas un adulto?

¿Qué partes del proceso de crecimiento te entusiasma más?

¿Hay algunas partes de crecer que te ponen nervioso, o que te preocupan?

18. CAMBIAMOS Y NOS DESARROLLAMOS

- CRECEMOS MÁS ALTO A MEDIDA QUE NOS HACEMOS MAYORES

- ¿CUÁLES SON ALGUNOS CAMBIOS QUE TE SUCEDEN A TI?

- ¿DE QUÉ MANERA LOS NIÑOS Y NIÑAS SE VEN DIFERENTES A MEDIDA QUE CRECEN?

19. OTRAS PALABRAS QUE HAS ESCUCHADO

- ¿QUÉ OTRAS PALABRAS SE USAN PARA DECIR PENE?

- ¿QUÉ OTRAS PALABRAS SE USAN PARA DECIR VAGINA?

- ¿QUÉ OTRAS PALABRAS SE USAN PARA DECIR PECHOS?

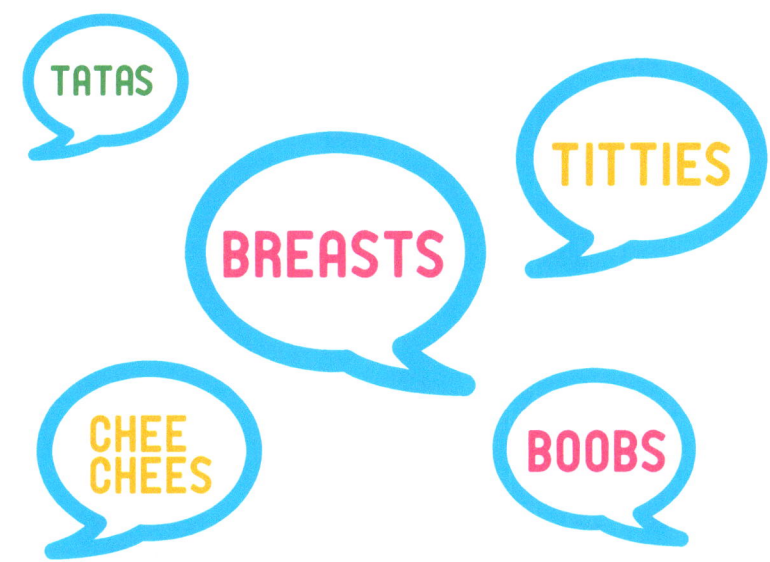

INICIE LA CONVERSACIÓN
Dependiendo de la edad y las experiencias pasadas de su hijo(a), es posible que él no haya oído mencionar estas partes del cuerpo. También es posible que haya escuchado muchas palabras que se refieren a una o más de estas partes del cuerpo, y que su hijo(a) encuentre estas palabras embarazosas o chistosas. Decida de antemano cómo su familia quiere referirse a estas partes del cuerpo y ayude a su hijo(a) a entender qué términos son apropiadas y cuáles son inapropiados.

DIÁLOGO DE MUESTRA

Hijo(a): He oído que a los pechos los llaman bubis, tetas, y pechugas. (Risitas)

Madre: Algunas de esas palabras suenan bastante chistosas, ¿verdad? Sin embargo, en nuestra casa, vamos a decir "pechos." ¡Vamos a practicar esa palabra!

Madre e hijo(a): Pechos. ¡Pechos! ¡Pechos! (Probablemente con más risas)

Madre: ¡Vaya! ¡Eres muy bueno para decir "pechos"! Esa es la palabra que usamos en nuestra familia.

INICIE LA CONVERSACIÓN

Como padre/madre, usted tendrá que determinar qué niveles de exploración son apropiados en su familia. Los niños son curiosos por naturaleza, y es normal y saludable para los niños el explorar sus cuerpos en una variedad de maneras. Es posible que usted desee proporcionar algunas reglas básicas, tales como "No tocamos nuestras partes íntimas frente a otras personas" o "Podemos hablar de nuestros cuerpos con nuestros padres, pero no con nuestros maestros." Adapte las reglas básicas para que encajen en las necesidades reales y las preocupaciones de su familia y su hijo(a).

PREGUNTAS ADICIONALES A CONSIDERAR

¿Cuáles son algunas cosas increíbles que hace nuestro cuerpo?

¿Qué hacemos para cuidar de nuestros cuerpos?

Además, esta lección puede proporcionar una excelente transición hacia una discusión más detallada sobre el funcionamiento de nuestro cuerpo. Considere comprar o rentar de la biblioteca un libro de anatomía para niños para leer con su hijo(a) como parte o una continuación de esta lección.

20. DESCUBRIENDO NUESTROS PROPIOS CUERPOS

- ¿TE CAUSA CURIOSIDAD TU CUERPO?

- ¿CÓMO PUEDES CONOCER TU CUERPO?

- ¿TIENES ALGUNA PREGUNTA SOBRE SU CUERPO?

21. AFECTO

- ♛ ¿CÓMO DEMOSTRAMOS AFECTO A NUESTROS AMIGOS?

- ♛ ¿CUÁL ES LA DIFERENCIA ENTRE JUGAR Y GOLPEAR A ALGUIEN?

- 💬 A VECES EL JUEGO CRUZA UN LÍMITE Y DEJA DE SER DIVERTIDO

- ♛ ¿ESTÁ BIEN DECIR "DETENTE" SI YA NO ES DIVERTIDO?

INICIE LA CONVERSACIÓN

El enfoque de esta lección es sobre las relaciones amistosas. Manejar relaciones amistosas es una habilidad diferente a la de las interacciones entre adultos y niños. Es importante que su hijo(a) aprenda a cómo detenerse a sí mismo de comportamientos que han dejado de ser divertidos para sus amigos, y a cómo pedirle a alguien más que cese de este tipo de comportamientos. Considere hacer que su hijo(a) practique lo siguiente con el fin de prepararse para decir "detente" con claridad y confianza, incluso cuando se encuentre en una situación físicamente desafiante.

PREGUNTAS ADICIONALES A CONSIDERAR

¿Cómo te sientes cuando ____ (un amigo) te da esos cinco?

¿Cómo te sientes cuando ____ (un amigo) comparte un juguete contigo?

¿Cómo te sientes cuando ____ (un amigo) te da un abrazo?

DIÁLOGO DE MUESTRA
(Para que su hijo(a) practique)

Niño: Por favor deja de hacerme cosquillas; que ya no es divertido.
Niña: No me puedes golpear. Deja de golpearme.
Niño: No quiero luchar más. Vamos a parar.

Además, los niños deben aprender a mostrar afecto en formas buenas y apropiadas. Ayude a su hijo(a) a entender que el afecto puede ser positivo y ayuda a la gente a sentirse bien consigo mismos cuando se da de manera apropiada.

INICIE LA CONVERSACIÓN

Cuando usted tiene un amigo, ¿cómo usted puede ser amable con ellos? No existen respuestas correctas o incorrectas para esta pregunta. El punto detrás de esta cuestión es empezar a pensar acerca de los roles de género. Desde una edad muy temprana, los niños aprenden a leer la codificación social sobre lo que es apropiado para las niñas y lo que es apropiado para los niños en cuanto a la vestimenta, apariencia personal, juguetes, colores, etc.

Capacite a su hijo(a) enseñándole que el género no tiene que determinar o dictar los juguetes con los que él juega. Como una actividad adicional, considere la posibilidad de tener un tiempo de juego con su hijo(a) en el que deliberadamente usted presente juguetes comúnmente asociados con el sexo opuesto.

22. JUEGO

- ¿CREES QUE HAY JUGUETES DIFERENTES PARA LOS NIÑOS Y LAS NIÑAS? ¿POR QUÉ?

- ¿CREES QUE DEBERÍA HABER "JUGUETES PARA LOS NIÑOS" Y "JUGUETES PARA LAS NIÑAS"?

- ¿ALGUNA VEZ HAS SENTIDO QUE HAY UN JUGUETE CON EL QUE NO PUEDES JUGAR?

23. ¿EN QUÉ SE PARECEN LOS NIÑOS Y LAS NIÑAS?

- 💬 **TODOS COMENZAMOS COMO BEBÉS**

- 💬 **TODOS QUEREMOS SER AMADOS Y TENER AMIGOS**

- 👑 **¿EN QUÉ OTRAS MANERAS LOS NIÑOS Y NIÑAS PUEDEN SER IGUALES?**

INICIE LA CONVERSACIÓN
Al hablar de maneras en que los niños y niñas pueden ser iguales, tenga en cuenta los siguientes ejemplos:

> *El color del cabello y de los ojos puede variar de una persona a otra. Sin embargo, el color del cabello y de los ojos también puede ser el mismo tanto para un niño y una niña.*

> *Ambos, niñas y niños orinan. Pero las niñas se sientan para orinar, y los niños lo hacen de pie.*

Después de considerar las similitudes físicas, cambie la conversación hacia las emociones. Tanto los niños como las niñas pueden, por ejemplo, ser feliz, sentirse triste, tener miedo, reír, llorar, etc. Enfatice el hecho de que todos, niños y niñas, tiene sentimientos y emociones.

PREGUNTAS ADICIONALES A CONSIDERAR
¿Por qué hay niños y niñas en el mundo?

¿Cómo los niños contribuyen al mundo?

¿Cómo las niñas contribuyen al mundo?

24.
AMISTADES

- ¿QUIÉNES SON TUS MEJORES AMIGOS?

- ¿QUÉ LOS HACE BUENOS AMIGOS?

- A MEDIDA QUE CRECES, LAS AMISTADES PUEDEN CAMBIAR

- ¿ES POSIBLE QUE LOS NIÑOS Y NIÑAS SEAN AMIGOS?

INICIE LA CONVERSACIÓN
Según sea apropiado para la comprensión y el interés de su hijo(a), esta conversación se puede continuar como una discusión de cómo esas amistades pueden cambiar debido a los sentimientos románticos. Una vez más, recuerde a su hijo(a) que él siempre puede formar amistades apropiadas con niños y niñas. Enseñe a su hijo(a) que si él no quiere ser amigo de alguien, ellos pueden (y deben) al menos tener respeto entre sí.

PREGUNTAS ADICIONALES A CONSIDERAR
¿Qué es el respeto?

¿Cómo podemos respetar a alguien si no queremos ser su amigo?

¿Cómo son las niñas que son tus amigas?

¿Cómo son los niños que son tus amigos?

INICIE LA CONVERSACIÓN

Los niños pueden necesitar asistencia en el baño, incluso después de haber aprendido a usar el baño por sí solos. Comunique las formas apropiadas para pedir ayuda, de cuándo pedir ayuda, y de quién pedir ayuda. Sea tan específico como le sea posible con el fin de ayudar a su hijo(a) a ser claro en cuanto a quién y cómo puede pedir ayuda. Adapte esta información según corresponda a la situación y las necesidades de su hijo(a): en el preescolar, citas de juego, la iglesia, con la niñera, la casa de un familiar, etc.

DISCUSIÓN ADICIONAL

Los accidentes ocurren. Mojar la cama es común entre los niños pequeños, incluso después de haber aprendido a usar el baño. El control nocturno de la vejiga con frecuencia no se consigue sino hasta la edad de 6 o 7. Sin embargo, los niños pueden ser comprensiblemente sensibles al mojar la cama, incluso hasta el punto de tratar de ocultar el accidente. El propósito de los siguientes puntos es el de tranquilizar a su hijo(a) confirmando que él no van a estar en problemas si tiene un accidente, y para ayudarle a usted y a su hijo(a) a desarrollar un plan para saber qué hacer si ocurre un accidente.

- A veces, podemos mojar la cama por la noche
- A veces, podemos mojar nuestra ropa
- Si tú tienes un accidente, ¿a quién debes pedirle ayuda?

DIÁLOGO DE MUESTRA
(Para que su hijo(a) practique)

Niña: Necesito ayuda para limpiarme después de hacer popo. Tía Cindy, ¿me puedes ayudar?

Niño: Necesito ayuda para subir mis pantalones. Papá, ¿me puedes ayudar?

25. MI CUERPO DEPONE Y ORINA!

- 💬 **TODOS TIENEN MOVIMIENTOS INTESTINALES**

- 💬 **TODOS ORINAN**

- 👑 **SI NECESITAS AYUDA MIENTRAS ESTÁS EN EL BAÑO, ¿QUÉ DEBES HACER?**

- 💬 **LOS ACCIDENTES PUEDEN OCURRIR**

26.
PORNOGRAFÍA

- LA PORNOGRAFÍA SE PRESENTA EN IMÁGENES O PELÍCULAS DE PERSONAS CON POCA O SIN ROPA

- (SI ES APROPIADO PARA COMPARTIR) SE MUESTRAN ACTIVIDADES PRIVADAS PARA HACER DINERO

- NADIE DEBE HACERTE VER IMÁGENES O PELÍCULAS QUE TE HACEN SENTIR INCÓMODO

- ¿QUÉ HARÍAS SI VIERAS UNA IMAGEN QUE TE HAGA SENTIR INCÓMODO?

 **PORNOGRAFÍA:** *La representación de contenido sexual explícito con el propósito o la intención de provocar la excitación sexual. En ella, el sexo y los cuerpos son comercializados con el propósito de obtener una ganancia financiera. Su medio más eficaz de distribución es a través del internet.*

INICIE LA CONVERSACIÓN

Debido a que la pornografía es una parte predominante de la cultura popular moderna, los niños están expuestos a ella a edades cada vez más tempranas. El cerebro de los niños no está equipado para hacer frente a las imágenes pornográficas. Como padre/madre, usted tendrá que determinar cuándo y dónde su hijo(a) será expuesto a la pornografía y cómo prevenir dicha exposición. Asegúrese de que los filtros apropiados funcionen correctamente en todos los dispositivos habilitados con Internet, y que todo el contenido "para adultos" esté contenido adecuadamente tanto en su propia casa, como en las casas que su hijo(a) visita con regularidad.

A esta edad, es especialmente importante que los niños desarrollen un sentido saludable de su propia integridad física. Como tal, reglas arbitrarias en cuanto a la desnudez como "Siempre es malo estar desnudo" puede causar daño involuntario promoviendo un sentido de vergüenza subyacente y hasta aborrecimiento en cuanto al cuerpo. Determine como familia, y dependiendo de su situación personal, cuáles son los límites apropiados en cuanto a la desnudez y evite asociar la vergüenza con el cuerpo.

PREGUNTAS PARA TU HIJO(A)
¿Alguna vez has visto fotos o vídeos de personas desnudas?

QUÉ HACER SI TU HIJO(A) A SIDO EXPUESTO A LA PORNOGRAFÍA

A pesar de sus esfuerzos, durante esta discusión puede quedar claro que su hijo(a) ha estado expuesto a la pornografía. Si este es el caso,

1)   No reaccione de manera exagerada o avergüence a su hijo(a).

2)   Determine la seriedad y naturaleza de lo que fue visto. Material sexualmente explícito o violento puede ser traumático para los niños pequeños.

3)   Pregunte a su hijo(a): ¿Cómo te hizo sentir cuando lo viste?

4)   Desmiente lo que fue visto—ayude a su hijo(a) a entender que este tipo de imágenes son alteradas y que no reflejan la realidad.

Si su hijo(a) está traumatizado, comienza a buscar contenidos activamente pornográficos, o comienza a imitar actos sexuales explícitos, ya sea solo o con otros niños, puede ser necesario buscar ayuda profesional.

"A ESTA EDAD, ES ESPECIALMENTE IMPORTANTE QUE LOS NIÑOS DESAR-ROLLEN UN SENTI-DO SALUDABLE DE SU PROPIA INTEG-RIDAD FÍSICA."

INTEGRIDAD FÍSICA: *El tratar bien a nuestro cuerpo al escoger cómo lo usamos y cómo lo cuidamos. El saber que el cómo nuestro cuerpo se ve es solo una parte de lo que nos hace quienes somos.*

27.
FOTOGRAFÍA

- ♛ ¿DE CUÁNTAS MANERAS PUEDES PENSAR EN TOMAR FOTOS EN TU CASA?

- 💬 LA GENTE TOMA FOTOS TODO EL TIEMPO EN SUS TELÉFONOS

- ♛ ¿CUÁNDO ESTÁ BIEN TOMAR UNA FOTO DE ALGUIEN?

- ♛ ¿CUÁNDO ESTÁ BIEN QUE ALGUIEN TOME UNA FOTO DE TI?

INICIE LA CONVERSACIÓN

Como padre/madre, usted tiene la responsabilidad de proteger a su hijo(a) de los peligros potenciales que él todavía no comprende. La facilidad y la prevalencia con la que nosotros, como sociedad, producimos fotografías pueden darle a su hijo(a) la impresión de que todas las imágenes son de cosas buenas, divertidas o felices. Los niños no comprenden la rapidez en la que una fotografía inapropiada puede ser difundida a través de mensajes de texto y del Internet a una audiencia amplia y pública. Determine qué limitaciones usted desea poner en la toma y el intercambio de fotografías, y explique estas limitaciones claramente a su hijo(a).

ESCENARIO DE MUESTRA

Antes de comenzar esta actividad, póngase en contacto con otro adulto de confianza (cónyuge, abuelos, etc.) y planee una hora para llamar por teléfono como parte de esta actividad.

Proporcione una cámara, teléfono, u otro dispositivo capaz de tomar fotos para su hijo(a) y deje que tome unas pocas. Si es posible, tome unas autofotos de usted y de su hijo(a). Explique que las imágenes pueden ser una manera divertida de expresar afecto y cercanía.

Después, envíe a través de mensaje de texto o correo electrónico una foto de su niño al adulto de confianza a quien usted contactó anteriormente. Pida al adulto que llame a su hijo(a) por teléfono y que le describa a su hijo(a) la fotografía que usted acaba de enviar. Ayude a su hijo(a) a entender que el envío de fotografías puede suceder con rapidez, y que otras personas pueden ver esas fotos que él envía. Ratifique las limitaciones que su familia ha dado en tomar y compartir fotografías.

Para ayudar a su hijo(a) a entender que esto sucede con buenas y malas fotografías, pregunte: ¿Qué tipo de imágenes no son apropiadas para enviar? ¿Qué hace que algunas fotografías no sean "apropiadas" para enviar?

INICIE LA CONVERSACIÓN

Cada familia tendrá diferentes reglas sobre el uso de dispositivos electrónicos. Asegúrese de que su hijo(a) entienda claramente cuáles son sus reglas familiares y cómo se habrán de aplicar. Los niños suelen compartir dispositivos electrónicos con el fin de compartir juegos o "esperar su turno." Sea directo con otros padres con respecto a las reglas en su familia. Pregunte a otros padres cuáles son sus preferencias en cuanto a dispositivos y contenido electrónico. Incluso si otros padres no han pensado en estas cuestiones, al preguntarles sobre esto, usted les estará ayudando a crear conciencia y a promover una cultura de consumo responsable de los medios.

Ayude a su hijo(a) a entender que debe entregar el dispositivo electrónico directamente a un adulto de confianza si este empieza a mostrar imágenes que le hacen sentir incómodo. Asegúrese de reforzar este comportamiento en su hijo(a) elogiándolo cuando él trae algo para mostrarle a usted—resista la tentación de enojarse si le enseña algo trivial o intrascendente. El modelo importante que hay que desarrollar aquí es un modelo de confianza: usted quiere que su hijo(a) confíe en usted y acuda a usted cuando se encuentre con cosas que no entienda o que sean inquietantes para él, por lo que, si alguna vez él se encontrase con algo potencialmente nocivo o peligroso, él acudirá a usted en lugar de esconderse.

PREGUNTAS ADICIONALES A CONSIDERAR

En nuestra casa, ¿cuándo podemos ver la televisión?

En nuestra casa, ¿cuándo podemos jugar en la computadora / iPod / teléfono / tableta / etc.?

¿Qué películas consideramos apropiadas para ver en nuestra casa? ¿En la casa de un amigo?

28. COMPUTADORAS Y EL INTERNET

- ¿CUÁL ES TU JUEGO FAVORITO PARA JUGAR EN LA COMPUTADORA O ALGÚN OTRO DISPOSITIVO?

- ¿QUÉ DEBES HACER SI TU DISPOSITIVO ELECTRÓNICO MUESTRA IMÁGENES QUE TE HAGAN SENTIR INCÓMODO?

- ¿QUÉ HACEMOS SI NUESTROS AMIGOS NOS OFRECEN USAR SUS DISPOSITIVOS?

29.
DESNUDEZ

- DESNUDEZ / DESNUDO

- ¿SE CONSIDERA LA DESNUDEZ COMO ALGO APROPIADO EN NUESTRA CASA?

- ¿QUÉ HACEMOS SI ACCIDENTALMENTE VEMOS A ALGUIEN DESNUDO?

INICIE LA CONVERSACIÓN
Los niños a menudo consideran que la desnudez es algo divertido; es común que los niños pequeños incorporen la desnudez en su juego imaginativo. Determine cuáles son sus reglas familiares con respecto a la desnudez, y ayude a su hijo(a) a entender las limitaciones en cuanto a la desnudez.

DIÁLOGO DE MUESTRA
Padre: Sarah, por favor cierra la puerta del baño. Estoy tomando una ducha y me gustaría mi privacidad.
Niño: ¡Veo tus pompis! ¡Ja, ja, ja, ja!
Padre: Sarah, en nuestra familia que nos reímos o apuntamos a las personas que están tomando una ducha. Necesitas disculparte.

INICIE LA CONVERSACIÓN

Aproveche esta oportunidad para reafirmar el sentido de autoestima de su hijo(a) y su propia creencia en su belleza individual. A esta edad, los niños a menudo asocian la belleza con cualidades externas. Ayude a entender que la belleza y la fuerza son cualidades internas. Por ejemplo, es posible que usted desee pedirle a su hijo(a) que piense en alguien que él ama y admira, como un abuelo, maestro o amigo. Señale las formas en que esa persona es bella a través de las acciones que realiza, las palabras que dice, o la forma en que hace que su hijo(a) se sienta querido y aceptado. Pregunte a su hijo(a): ¿Cuáles son algunas cosas o personas que considera bellas?

PREGUNTAS ADICIONALES A CONSIDERAR

¿Por qué nos gustan las cosas bellas?

¿Qué cosas de tu cuerpo son tus favoritas?

¿Qué te hace especial?

30. SOY HERMOSO(A) Y FUERTE

- ♛ ¿QUÉ HACE QUE ALGO SEA HERMOSO?

- ♛ ¿QUÉ HACE QUE ALGO SEA FUERTE?

- ♛ ¿PUEDE UNA PERSONA SER HERMOSA EN SU "INTERIOR"?

- ♛ ¿CÓMO PUEDES MOSTRARLE A LA GENTE QUE ERES HERMOSO Y FUERTE?

SI LE HA GUSTADO ESTE LIBRO, POR FAVOR COMPARTA SU OPINIÓN POSITIVA EN AMAZON.COM

Para excelentes recursos e información, síganos en nuestras redes sociales:

Facebook: www.facebook.com/educateempowerkids/espanol/
Twitter: @EduEmpowerKids
Pinterest: pinterest.com/educateempower/
Instagram: Eduempowerkids

Suscríbase a nuestra página para obtener ofertas exclusivas e información en:

www.educateempowerkids.org

REFERENCIAS Y RECURSOS

Fortaleciendo a su hijo(a)
30 Days to a Stronger Child, http://amzn.to/25t8l0J

Hablando con su hijo(a) sobre la pornografía
How to Talk to Your Kids About Pornography, http://amzn.to/ß1OjQKfA

Hilton, D., & Watts, C. (2011, February 21). Pornography addiction: A neuroscience perspective. Retrieved from http://www.ncbi.nlm.nih.gov/pmc/articles/PMC3050060/

Layden, M. (n.d.). Pornography and Violence: A New Look at Research. Retrieved from http://www.socialcostsofpornography.com/Layden_Pornography_and_Violence.pdf

Voon, V. et. al. (2014, July 11). Neural Correlates of Sexual Cue Reactivity in Individuals with and without Compulsive Sexual Behaviours. Retrieved from http://www.plosone.org/article/info%3Adoi%2F10.1371%2Fjournal.pone.0102419

Recursos sobre la cultura de violación
http://www.marshall.edu/wcenter/sexual-assault/rape-culture/

Recursos de la manipulación depredador-víctima
http://www.parenting.org/article/victim-grooming-protect-your-child-from-sexual-predators

Estudio "Slut-shaming" (avergonzando putas)
http://america.aljazeera.com/articles/2014/5/29/slut-shaming-study.html

Recursos sobre anticonceptivos
http://www.mayoclinic.org/healthy-living/birth-control/basics/birth-control-basics/hlv-20049454

Tasas del embarazo
http://www.hhs.gov/ash/oah/adolescent-health-topics/reproductive-health/teen-pregnancy/trends.html#.VBy66hB0ypo

Recursos para el embarazo
http://www.whattoexpect.com/what-to-expect/landing-page.aspx

Recursos para ETS / ITS
http://www.womenshealth.gov/publications/our-publications/fact-sheet/sexually-transmitted-infections.html

Tasas de ETS / ITS
http://www.cdc.gov/std/stats/STI-Estimates-Fact-Sheet-Feb-2013.pdf

Recursos para la violencia domestica
http://www.justice.gov/ovw/domestic-violence

Recursos para la violencia domestica
http://www.thehotline.org/

Información sobre la masturbación y el uso de la pornografía
http://blogs.psychcentral.com/sex/2011/04/compulsive-masturbation-and-porn/

Creando estándares familiares sobre los medios de comunicación
http://bit.ly/1xwb1ri

Lección sobre alfabetización de los medios de comunicación
http://bit.ly/1iZifnh

Videos relacionados con los libros 30 Días de Charlas sobre Sexo
http://bit.ly/29zyVNW

GLOSARIO

Los siguientes términos se han incluido para ayudarte al preparar y mantener conversaciones con tus hijos sobre la sexualidad y la intimidad saludable. Las definiciones no son dirigidas para el niño; más bien, están destinadas a aclarar conceptos y términos para el adulto. Algunos términos pueden no ser apropiados para tu hijo(a), teniendo en cuenta su edad, circunstancias, o tu propia cultura y los valores familiares. Usa tu criterio para determinar qué terminología mejor satisface tus necesidades individuales.

Abstinencia: La práctica de no hacer o tener algo que se quiere o disfruta: la práctica de abstenerse de algo.

Abuso Doméstico / Violencia Doméstica: Un patrón de comportamiento abusivo en cualquier relación en el que se utilice por una de las parejas para ganar o mantener el poder y control sobre la otra pareja. Puede ser a través de acciones físicas, sexuales, emocionales, económicas, acciones psicológicas o amenazas que influyen en otra persona. (Definición del Departamento de Justicia)

Abuso Emocional: Una forma de abuso en la que otra persona es sometida a un comportamiento que puede resultar en un trauma psicológico.

Abuso Físico: El tratamiento físico indebido de otra persona o entidad diseñado para causar daño corporal, dolor, lesión u otro sufrimiento. El abuso físico se emplea a menudo para ganar injustamente poder u otro beneficio en una relación.

Abuso Psicológico: Una forma de abuso en la que una persona se somete a un comportamiento que puede resultar en un trauma psicológico. El abuso psicológico a menudo se produce dentro de las relaciones en las que existe un desequilibrio de poder.

Abuso Sexual: El uso sexual o el tratamiento indebido de otra persona o entidad, generalmente para ganar injustamente poder u otro beneficio en la relación. En los casos de abuso sexual, comportamientos sexuales no deseados son forzados sobre una persona por otra.

Abuso: El uso indebido o el maltrato de otra persona o entidad, a menudo para ganar injustamente poder u otro beneficio en una relación.

Acoso Sexual: El acoso implica insinuaciones sexuales no deseados o comentarios obscenos. El acoso sexual puede ser una forma de coerción sexual, así como una propuesta sexual no deseada, incluyendo la promesa de una recompensa a cambio de favores sexuales.

Afecto: Un sentimiento o un tipo de amor que supera la buena voluntad general.

Agresión Sexual: Un término usado a menudo en contextos legales que se refieren a la violencia sexual. La agresión sexual ocurre cuando hay cualquier contacto sexual no consentido o violencia. Los ejemplos incluyen violación, toqueteo, besos forzados, abuso sexual infantil, y la tortura sexual.

Alfabetización de los Medios: Las diferentes herramientas y competencias que se utilizan para ayudar a las personas en acercarse a los medios de comunicación (incluyendo la publicidad, la televisión, las revistas, los medios de comunicación social y otras formas de medios de comunicación) críticamente. Una aproximación crítica a los medios de comunicación se centra en el análisis y evaluación de los medios de comunicación en términos de su público objetivo, el mensaje y creador, así como tomar nota de las diversas formas en que los hechos, son manipulados, cambiados, o incluso descartados con el fin de promover una reacción o interpretación en particular.

Amigo: Alguien con quien una persona tiene una relación de afecto mutuo. Un amigo está más cerca que un asociado o conocido. Los amigos normalmente comparten emociones y características tales como el afecto, la empatía, la honestidad, la confianza y la compasión.

Amor: Una amplia gama de conexiones emocionales interpersonales, sentimientos y actitudes. Las formas comunes del amor incluyen el parentesco o el amor familiar, la amistad, el amor divino (como se demuestra mediante la adoración), y el amor sexual o romántico. En términos biológicos, el amor es la atracción y la unión que sirve para unir a los seres humanos y facilitan la continuidad social y sexual de las especies.

Amor Romántico: Una forma de amor que denota la intimidad y un fuerte deseo de conexión emocional con otra persona a la que uno está generalmente también atraído sexualmente.

Ano: La abertura externa del recto que comprende de dos esfínteres que controlan la salida de las heces del cuerpo.

Anticonceptivos: Un método, dispositivo o medicamento que funciona para prevenir el embarazo. Otro nombre para el control de la natalidad.

Apropiado: Adecuado, propio, o apto para un propósito en particular, una persona o una circunstancia.

Autodiálogo Positivo: Cualquier diálogo dirigida a uno mismo para el estímulo o motivación, tales como frases o mantras; también, una conversación interna con uno mismo, como un comentario continuo, lo que influye en la forma en que nos sentimos y nos comportamos.

Autoestima: La evaluación emocional general que un individuo hace de su propio valor. La autoestima es a la vez una reflexión de y una actitud hacia uno mismo. Generalmente, el término se utiliza para describir la confianza en el valor o las habilidades de uno mismo.

Bajo la Influencia: Estar físicamente afectada por el alcohol o las drogas.

Bisexual: La orientación sexual en el que uno se siente atraído por ambos hombres y mujeres.

Ciclo Menstrual: El óvulo es liberado de los ovarios a través de la trompa de Falopio hacia el útero. Cada mes, la sangre y los tejidos se acumulan en el útero. Cuando el óvulo no es fecundado, esta sangre y los tejidos no son necesarios y se desprenden del cuerpo a través de la vagina. El ciclo dura más o menos 28 días, pero puede variar. El tiempo del sangrado dura entre 2-7 días. Puede estar acompañada de cólicos, sensibilidad en los senos, y sensibilidad emocional.

Clamidia: Bacteria que causa o está asociada con varias enfermedades de los ojos y el tracto urogenital.

Clítoris: Un órgano sexual femenino visible en la unión delante de los labios menores por encima de la abertura de la uretra. El clítoris es la zona erógena más sensible de la mujer.

Consentimiento: Un acuerdo claro o permiso que permite algo o para hacer algo. El consentimiento debe darse libremente, no a la fuerza o a través de intimidación, y mientras la persona está totalmente consciente y con entendimiento de su situación actual.

Cultura de Violación: Una cultura en la que la violación es un fenómeno generalizado y hasta cierto punto normalizado debido a las actitudes culturales y sociales hacia el género y la sexualidad. Los comportamientos que favorecen la cultura de violación incluyen culpar a la víctima, la cosificación sexual, y la negación con respecto a la violencia sexual.

Curiosidad: El deseo de aprender o saber más acerca de algo o alguien.

Degradar: Tratar con desprecio o falta de respeto.

Depredador: Un depredador es técnicamente un organismo o un ser que caza y se alimenta de su presa. Un depredador sexual es alguien que pretende obtener contacto sexual a través de "cazar." El término se utiliza a menudo para describir los métodos engañosos y coercitivos utilizados por las personas que cometen delitos sexuales donde hay una víctima, como la violación o el abuso infantil.

Derogatorio(a): Un adjetivo que implica la crítica o la pérdida de respeto.

Desnudez: El estado de no usar ropa. Desnudez total denota una ausencia completa de prendas de vestir, mientras que la desnudez parcial es un término más ambiguo, que denota la presencia de una cantidad indeterminada de ropa.

Diafragma: Una barrera cervical anticonceptiva hecha de un látex suave o cúpula de silicona con un resorte moldeado en el borde. El resorte crea un sello contra las paredes de la vagina, evitando que el semen, incluyendo espermatozoides, entre a las trompas de Falopio.

Doble Estándar: Una regla o norma que se aplica de manera diferente e injustamente a una persona o grupos distintos de personas.

Embarazo: El término común usado para la gestación en los humanos. Durante el embarazo, el embrión o el feto crece y se desarrolla dentro del útero de una mujer.

Emisiones Nocturnas: Un orgasmo espontáneo que se produce durante el sueño. Las emisiones nocturnas pueden ocurrir tanto en los hombres (eyaculación) como en las mujeres (lubricación de la vagina). El término "sueño húmedo" se utiliza a menudo para describir las emisiones nocturnas de los hombres.

Epidídimo Hipertensión: Una condición que resulta de la excitación sexual prolongada en los hombre en los que la congestión de fluido en los testículos se produce, a menudo acompañada de dolor testicular. La condición es temporal. También se conoce como "bolas azules."

Erección Espontánea: Una erección del pene que se produce como una respuesta automática a una variedad de estímulos, algunos de los cuales es sexual y algunos de las cuales es fisiológico.

Erección: Durante una erección del pene, el pene se llena de sangre y engrandece debido a la dilatación de las arterias cavernosas (que corren a lo largo del pene) y posteriormente se congestiona el tejido corporal circundante con sangre.

Escroto: La bolsa de piel debajo del pene que contiene los testículos.

Espermatozoide: La célula reproductiva masculina, que consiste en una cabeza, parte intermedia y cola. La cabeza contiene el material genético, mientras que la cola se utiliza para propulsar el esperma mientras se desplaza hacia el óvulo.

Estereotipos de Género: Un pensamiento o conocimiento aplicado a hombres o mujeres (u otras identidades de género) que pueden, o no, corresponder con la realidad. "Los hombres no lloran" o "las mujeres son débiles" son ejemplos de estereotipos de género inexactos.

ETS: Una abreviatura que se refiere a las enfermedades de transmisión sexual. Estas son enfermedades que son transmisibles a través de comportamientos sexuales, incluyendo coito. Algunas de estas enfermedades también pueden transmitirse a través del contacto de sangre.

Excitación Femenina: Las respuestas fisiológicas al deseo sexual durante o en anticipación de la actividad sexual en las mujeres que incluyen la lubricación vaginal (humedad), la congestión de los genitales externos (clítoris y los labios), la ampliación de la vagina, y la dilatación de las pupilas.

Excitación: La respuesta física y emocional al deseo sexual durante o antes de la actividad sexual.

Explícito: Un adjetivo que significa que algo está claramente establecido, sin lugar a confusión o duda. Los materiales sexualmente explícitos, sin embargo, significa que el contenido contiene material sexual que puede ser considerado ofensivo o abiertamente gráfico.

Extorsión: Obtener algo a través de la fuerza o mediante amenazas.

Eyaculación Precoz: Cuando un hombre alcanza el orgasmo con regularidad, durante el cual el semen es expulsado del pene, antes o al minuto después de la iniciación de la actividad sexual.

Eyaculación: Cuando un hombre llega al orgasmo, durante el cual el semen es expulsado a través del pene.

Familia: Un grupo formado por padres y los niños que viven juntos en una casa. La definición de familia está en constante evolución, y cada persona puede definir la familia de una manera diferente para abarcar las relaciones que él o ella comparte con la gente en su vida. Con el tiempo la familia de uno cambiará a medida que cambia la vida y la importancia de los valores familiares y rituales se profundizan.

Fecundar: La unión exitosa entre un huevo (técnicamente conocido como el óvulo) y un espermatozoide, que normalmente se produce dentro de la segunda porción de la trompa de Falopio (conocido como la ampolla). El resultado de la fertilización es un cigoto (óvulo fecundado).

Gay: Una palabra usada para describir a las personas que se sienten atraídas sexualmente por miembros del mismo sexo. El término "lesbiana" es generalmente preferido cuando se habla de las mujeres que se sienten atraídas por otras mujeres. Originalmente, la palabra "gay" significa "sin preocupaciones"; su relación con la orientación sexual se desarrolló durante la segunda mitad del siglo 20.

Género: La masculinidad y la feminidad se diferencian a través de una gama de características conocidas como "género." Estas características pueden incluir el sexo biológico (por ser hombre o mujer), los roles sociales basadas en el sexo biológico, y la propia experiencia subjetiva y la comprensión de su propia identidad de género.

Gestación: El momento en que una persona o un animal se están desarrollando dentro de su madre antes de que nacer.

Gonorrea: Una inflamación contagiosa de la membrana mucosa genital causada por el gonococo.

Hepatitis B: Una enfermedad a veces mortal causada por un virus del ADN de doble cadena que tiende a persistir en el suero sanguíneo y se transmite sobre todo por el contacto con sangre infectada (como por transfusión o por compartir agujas contaminadas en el uso de drogas intravenosas ilícitas) o por contacto con otros fluidos corporales infectados, como el semen.

Hepatitis C: Causada por un virus del ARN de la familia Flaviviridae que tiende a persistir en el suero sanguíneo y generalmente se transmite por sangre infectada (como por inyección de una droga ilícita, transfusión de sangre, o la exposición a sangre o productos sanguíneos).

Herpes: Cualquiera de varias enfermedades inflamatorias de la piel causada por los virus del herpes y que se caracteriza por grupos de vesículas.

Hetero: Es un término coloquial para la heterosexualidad, una orientación sexual en el que uno se siente atraída por las personas del sexo opuesto (los hombres son atraídos por las mujeres, las mujeres son atraídas por los hombres).

Heterosexual: Orientación sexual en el que uno se siente atraído por las personas del sexo opuesto (los hombres son atraídos por las mujeres, las mujeres son atraídas por los hombres).

Himen: Una membrana que cierra parcialmente la abertura de la vagina y cuya presencia se toma tradicionalmente como una marca de la virginidad. Sin embargo, a menudo este se puede romper antes de que una mujer tenga relaciones sexuales simplemente por ser activa, y a veces no está presente en absoluto.

Híper-sexualizada: Exageración sexual; acentuar la sexualidad. A menudo se ve en los medios de comunicación.

Homosexual: Orientación sexual en el que uno se siente atraído por los miembros del mismo sexo (hombres son atraídos por los hombres, las mujeres se sienten atraídas por las mujeres).

Hostigamiento Sexual: Acoso agresivo y persistente, psicológico o físico, de una manera sexual.

Identificación Sexual: Cómo uno piensa de sí mismo en términos de con quién está románticamente o sexualmente atraído.

Imagen Corporal: Los sentimientos de un individuo con respecto a su propio atractivo físico y sexualidad. Estos sentimientos y opiniones son a menudo influidos por otras personas y los medios de comunicación.

Incómodo: Sentir o causar incomodidad o malestar; inquietante.

Instinto: Una inclinación inherente hacia un comportamiento particular. El comportamiento que se lleva a cabo sin que se base en la experiencia previa es instintivo.

Integridad Física: La creencia personal de que nuestro cuerpo, si bien es crucial para nuestra comprensión de lo que somos, no definen únicamente nuestro valor; el conocimiento de que nuestro cuerpo es el almacén de nuestra humanidad; y el sentido de que estimamos a nuestro cuerpo y que lo tratamos como tal.

Intimidad Emocional: Un aspecto de las relaciones que depende de la confianza y que se puede expresar de forma verbal y no verbal. La intimidad emocional muestra un grado de cercanía que supera a la que normalmente existen en las interacciones relacionales comunes.

Intimidad: En general, un sentimiento o forma de cercanía significativa. Hay cuatro tipos de intimidad: la intimidad física (proximidad sensual o tocar), la intimidad emocional (estrecha relación que resulta de la confianza y el amor), cognitiva o la intimidad intelectual (como resultado de intercambio honesto de pensamientos e ideas), y la intimidad de la experiencia (una conexión que ocurre mientras se está actuando en conjunto). La intimidad emocional y física se asocia a menudo con las relaciones sexuales, mientras que la intimidad intelectual y la experiencia no lo son.

ITS: Una abreviatura que se refiere a las infecciones de transmisión sexual. Estas son enfermedades que son transmisibles a través de comportamientos sexuales, incluyendo coito. Algunas de estas enfermedades también pueden transmitirse a través del contacto de sangre. No todo las ITS llegan a convertirse en a una enfermedad de transmisión sexual (ETS).

La Píldora: Un anticonceptivo oral para las mujeres que contienen las hormonas estrógeno y progesterona o progesterona sola, que inhibe la ovulación, la fecundación, o la implantación de un óvulo fertilizado, que causa infertilidad temporal. Las marcas comunes incluyen Ortho Tri-Cyclen, Yasmin, y Ortho-Novum.

Labia: Los pliegues interiores y exteriores de la vulva en ambos lados de la vagina.

Lesbiana: Una palabra usada para describir a las mujeres que se sienten atraídas sexualmente por otras mujeres.

Límites: Límites personales o pautas que un individuo crea con el fin de identificar claramente cuáles son los comportamientos razonables y seguros para que otros convivan alrededor de él o ella.

Manipulación: Preparar o entrenar a alguien para un propósito o actividad en particular. En el caso de los depredadores sexuales, es todo acto deliberado realizado por el delincuente para preparar a la víctima y / o la red de apoyo de la víctima que da facilidad a la ofensa sexual.

Masturbación: La auto estimulación de los genitales con el fin de producir la excitación sexual, el placer y el orgasmo.

Menospreciar: Causar una pérdida grave en la dignidad o el respeto a otra persona.

Método de Ritmo (Ogino-Knaus): Un método para evitar el embarazo mediante la restricción de las relaciones sexuales a los tiempos del ciclo menstrual de una mujer cuando la ovulación y la concepción son menos probable que ocurran. Debido a que puede ser difícil de predecir la ovulación y la abstinencia porque tiene que ser practicado hasta por diez días del ciclo menstrual de una mujer, la eficacia del método del ritmo es, en promedio, solo 75-87%, de acuerdo con http://www.webmd.com.

Misoginia: El odio, la aversión, hostilidad o repulsión hacia a las mujeres o niñas. La misoginia puede aparecer en un solo individuo, o también puede manifestarse en las tendencias culturales que atentan contra la autonomía y el valor de la mujer.

Monogamia en Serie: Un sistema de apareamiento en el que un hombre o una mujer sólo puede formar una relación de largo plazo y compromiso (como el matrimonio) con una pareja a la vez. En caso de que la relación se disuelva, el individuo puede pasar a formar otra relación, pero sólo después que la primera relación haya cesado.

Monogamia: Una relación en la que una persona tiene una pareja en un momento dado.

Movimiento Intestinal: También conocida como la defecación, un movimiento de intestino es el acto final de la digestión por el cual los residuos se eliminan del cuerpo a través del ano.

Niño(a): Una persona entre el nacimiento y crecimiento completo.

Orgasmo: Las contracciones musculares rítmicas en la región de la pelvis que se producen como resultado de la estimulación sexual, la excitación y actividad durante el ciclo de la respuesta sexual. Los orgasmos se caracterizan por una liberación repentina de tensión sexual acumulada y por el placer sexual resultante.

Orinar: El proceso mediante el cual se libera la orina desde la vejiga urinaria para viajar por la uretra y salir del cuerpo en el meato urinario.

Óvulo: La célula reproductora femenina, que, cuando fertilizado por el esperma en el útero, con el tiempo se convertirá en un bebé.

Pecho / Senos: Las mujeres desarrollan senos en su parte superior del torso durante la pubertad. Los senos contienen glándulas mamarias que crean la leche materna, la cual se utiliza para alimentar a los bebés.

Pene: El órgano externo sexual masculino formado por la base, el tronco, la corona y glande. El pene contiene la uretra, a través del cual la orina y el semen viajan para salir del cuerpo.

Percepción: Una forma de considerar, entender o interpretar algo; una impresión mental.

Período Menstrual: Una descarga de sangre, secreciones y restos de tejido del útero en periodos de aproximadamente un mes en las mujeres en edad reproductiva que no están embarazadas.

Periodo: El comienzo del ciclo menstrual.

Pezones: Tejido de estructura circular, algo cónica, en el pecho. La piel del pezón y su areola son a menudo de varios tonos más oscuros que del tejido mamario que lo rodea. En las mujeres, el pezón proporciona la leche materna para los bebés.

Piojos (púbicos): Anopluros que infestan la región púbica del cuerpo humano.

Pornografía: La representación de contenido sexual explícito con el propósito o la intención de provocar la excitación sexual. En ella, el sexo y los cuerpos son comercializados con el propósito de obtener una ganancia financiera. Puede ser creada en una variedad de contextos en los medios de comunicación, incluyendo videos, fotos, animaciones, libros y revistas. Su medio más rentable de distribución es a través del Internet. La industria que crea la pornografía es un negocio sofisticado, corporizado, y con un valor de mil millones de dólares.

Preservativo: Una fina capa de goma que un hombre usa para cubrirse el pene durante el acto sexual con el fin de impedir que una mujer quede embarazada o para prevenir la propagación de enfermedades.

Priapismo: El término técnico de una condición en la cual el pene erecto no vuelve a la flacidez en cuatro horas, a pesar de la ausencia de estimulación sexual física o psicológica.

Privado: Perteneciente a, o para el uso de un individuo específico. Privado y privacidad denotan un estado de estar solo o separado de otros, y de ser solitario, exclusivo, secreto, personal, oculto, y confidencial.

Pubertad: Un período o proceso a través del cual los niños llegan a la madurez sexual. Una vez que una persona ha llegado a la pubertad, su cuerpo es capaz de la reproducción sexual.

Público: Perteneciente a, o para el uso de todas las personas en una área específica, o de todas las personas en su conjunto. Algo que es público es común, compartido, colectivo, comunitario, y extendido.

Relación: El estado de estar conectado con otra persona o la forma en que dos personas se conectan.

Relaciones Sexuales: La actividad sexual, también conocido como el coito o la cópula, que se entiende frecuentemente como la inserción del pene en la vagina (sexo vaginal). Debe tenerse en cuenta que hay una amplia gama de diferentes actividades sexuales y que los límites que constituyen la relación sexual están siendo objeto de debate.

Rol de Género: El modelo de conducta masculina o femenina de un individuo que es definido por una cultura particular y que está determinado en gran medida por la crianza del niño.

Semen: El fluido reproductor masculino, el cual contiene espermatozoides en suspensión. El semen sale del pene a través de la eyaculación.

Sexo Anal: Una forma de relación sexual que por lo general consiste en la inserción y empuje del pene erecto en el ano o el recto para el placer sexual.

Sexo Oral: La actividad sexual que consiste en la estimulación de los genitales a través del uso de la boca de otra persona.

Sexo Sin Compromisos: Una forma de sexo casual en el que la actividad sexual se lleva a cabo fuera del contexto de una relación de compromiso. El sexo puede ser un evento de una sola vez o en un arreglo en curso; en cualquiera de los casos, la atención se centra generalmente en disfrutar de la actividad sexual física sin una implicación emocional o compromiso.

Sexo Vaginal: Una forma de relación sexual en la que el pene se inserta en la vagina.

Sexting: El envío o distribución de imágenes, mensajes o cualquier otro material sexualmente explícito a través de los teléfonos móviles.

Sexualidad Saludable: Tener la capacidad de expresar la sexualidad de forma que contribuyan positivamente a la propia autoestima y las relaciones personales. La sexualidad sana incluye el acercarse a las relaciones sexuales y las interacciones con acuerdo mutuo y dignidad. Incluye necesariamente el respeto mutuo y la falta de miedo, vergüenza o culpa, y nunca incluye la coacción o violencia.

SIDA: Una infección viral transmitida por la sangre o por transmisión sexual que causa la inmunodeficiencia.

Sífilis: Una enfermedad crónica, contagiosa, generalmente venérea y a menudo congénita, causada por una espiroqueta. Si esta enfermedad se deja sin tratar, se producirán chancros, erupciones y lesiones sistémicas en un curso clínico con tres etapas continuas.

Slut-shaming (avergonzando putas): El acto de criticar, atacar, o avergonzar a una mujer por su, real o presunta, actividad sexual o por comportarse de una manera que, en juicio de otra persona, se asocia con su actividad sexual, real o presunta.

Sueños Húmedos: Un término coloquial para las emisiones nocturnas. Una emisión nocturna es un orgasmo espontánea que ocurre durante el sueño. Las emisiones nocturnas pueden ocurrir tanto en los hombres (eyaculación) como en las mujeres (lubricación de la vagina).

Testículos: La gónada masculina, que se encuentra dentro del escroto debajo del pene. Los testículos son responsables de la producción de esperma y los andrógenos, principalmente testosterona.

Toqueteo de Prueba: Toques aparentemente inocentes por un depredador o delincuente, como una palmada en la espalda o un apretón en el brazo, que están destinados a normalizar a los niños a estar en contacto físico con el depredador. Quienes hacen uso de los toqueteos de prueba pueden progresar a tratar de estar a solas con el niño.

Transgénero: Una condición o estado en el que el sexo físico de una persona no coincide con la identidad de género. Una persona transgénero puede haber sido asignado un sexo al nacer sobre la base de sus genitales, pero siente que esta asignación es falsa o incompleta. También pueden ser alguien que no encajan en los roles de género convencionales, sino que combina o se desplaza entre ellos.

Uretra: El tubo que conecta la vejiga urinaria hasta el meato urinario (orificio a través del cual la orina sale del tubo de la uretra). En los hombres, la uretra corre por el pene y se abre en el extremo del pene. En las mujeres, la uretra es interno y se abre entre el clítoris y la vagina.

Útero: Un importante órgano sexual reproductivo en el cuerpo femenino. El útero se encuentra en la mitad inferior del torso, justo encima de la vagina. Es el sitio en que hijos son concebidos y en que se gestan durante el término del embarazo.

Vagina: Tubo muscular que va de los genitales externos a la cerviz del útero en las mujeres. Durante el coito, el pene puede introducirse en la vagina. Durante el parto, el bebé sale del útero a través de la vagina.

Vaginismo: Una condición médica en la que una mujer es incapaz de participar en cualquier tipo de penetración vaginal, incluyendo relaciones sexuales, el uso de tampones o copas menstruales, y de los exámenes ginecológicos, debido al dolor involuntario.

Vergüenza: El sentimiento de dolor que surge al saber que lo que he hemos hecho, o alguien más ha hecho, es deshonroso, impropio, ridículo, etc.

Víctima: Una persona que es dañada, perjudicada o matada como resultado de un accidente o delito.

VIH: Cualquiera de varios retrovirus y especialmente el VIH-1 que infectan y destruyen las células T ayudantes del sistema inmune que causa la gran reducción en sus números que es diagnóstico de SIDA.

Violación de Día: Una violación en el que el perpetrador tiene una relación que es, hasta cierto punto, romántica o potencialmente sexual con la víctima. El perpetrador utiliza la fuerza física, intimidación psicológica, o de las drogas o el alcohol para forzar a la víctima a tener relaciones sexuales, ya sea en contra de su voluntad o en un estado en el que no puede dar su consentimiento claro.

Violación: Un delito sexual en el que el perpetrador obliga a otra persona a tener relaciones sexuales contra su voluntad y sin su consentimiento. Violación a menudo se produce a través de la amenaza o la realidad de la violencia contra la víctima.

Virgen: Un hombre o mujer que nunca se ha involucrado en relaciones sexuales.

VPH: Virus del papiloma humano.

Vulva: Parte de los órganos sexuales femeninos que se encuentran en el exterior del cuerpo.

www.ingramcontent.com/pod-product-compliance
Lightning Source LLC
Chambersburg PA
CBHW040847170426
43201CB00005BB/47